SONATE

en deux mouvements
pour tuba et piano

Renaud GAGNEUX

I

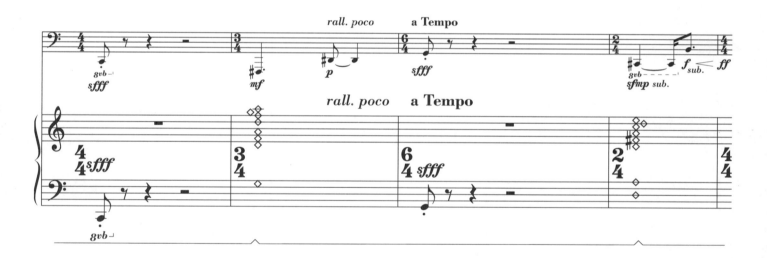

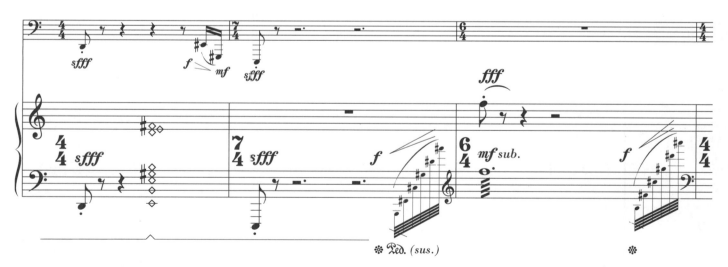

Copyright © 1984 DURAND Editions Musicales
215 rue du Faubourg St-Honoré 75008 Paris

D. & F. 14 124

Dépôt Légal N° 955

6'00"

II

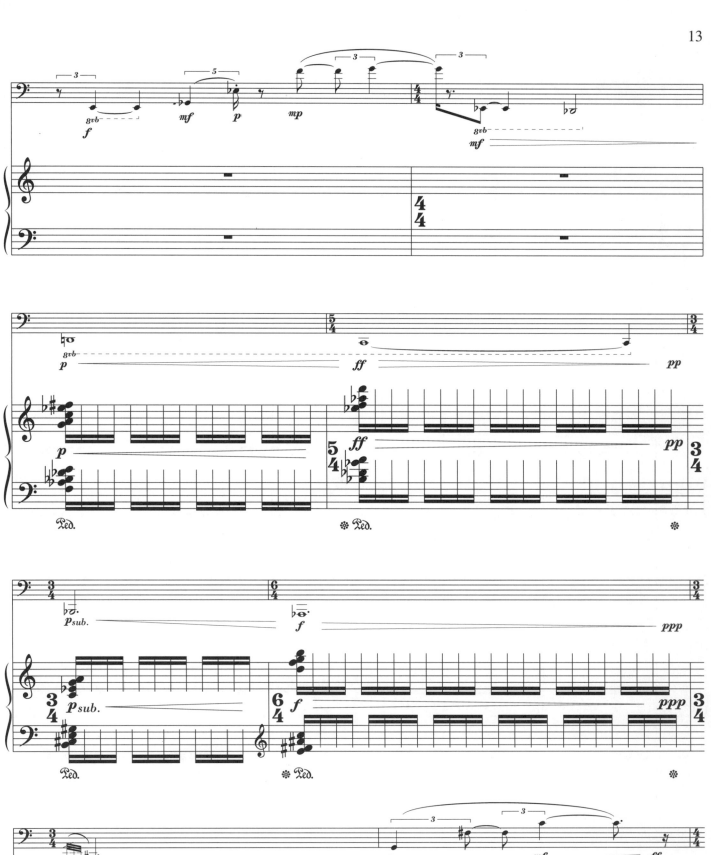

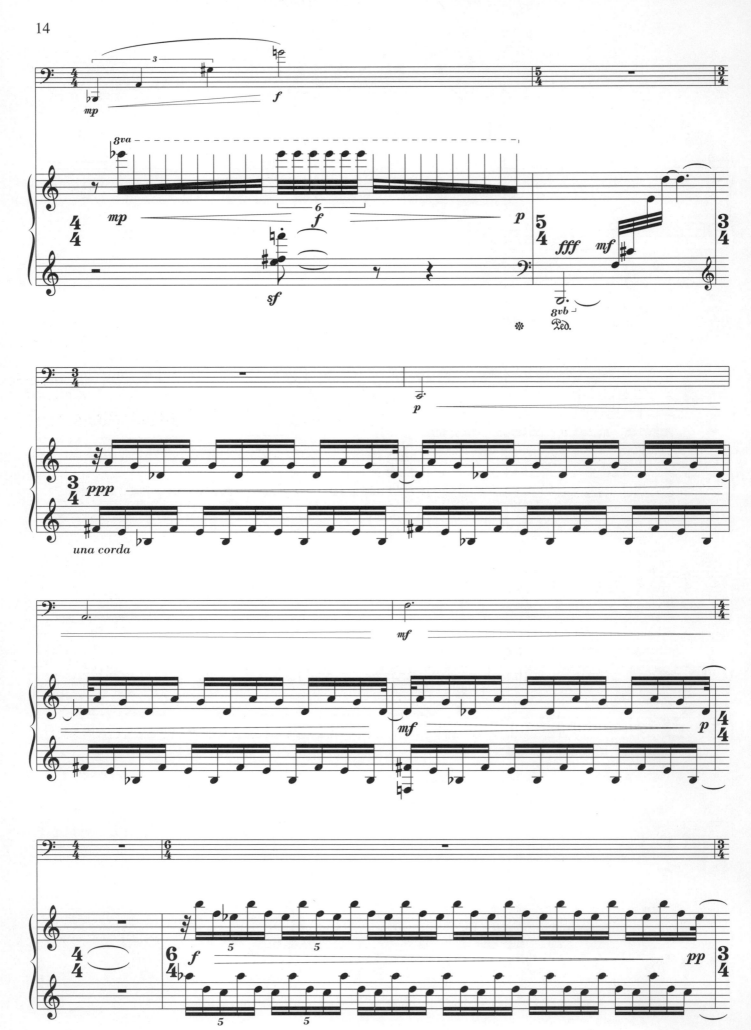

Imprimerie LACER
(1) 46.57.14.01

D. & F. 14 124

Dec. '82 - Mars '83

2'35"

SONATE

en deux mouvements
pour tuba et piano

Renaud GAGNEUX

I

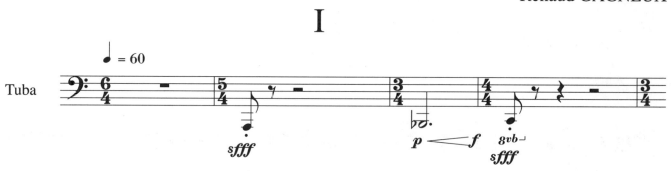

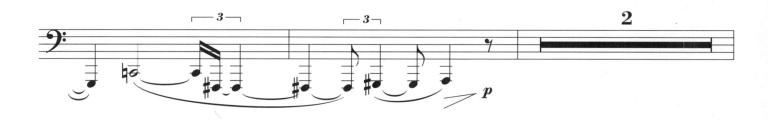

D. & F. 14 124

Dépôt Légal Nº 955

II

Dec. '82 - Mars ' 83

Imprimerie LACER
(1) 46.57.14.01

D. & F. 14 124